Revoir décembre

Evelyne Achard

Revoir décembre

Poèmes 2019-2024

© 2025 Evelyne ACHARD
Édition : BoD · Books on Demand, 31 avenue Saint-Rémy, 57600 Forbach, bod@bod.fr
Impression : Libri Plureos GmbH, Friedensallee 273, 22763 Hamburg (Allemagne)
ISBN : 978-2-3225-7407-0
Dépôt légal : Juin 2025

Du même auteur

Parole exilée (Evelyne Bautista),
Editions Saint-Germain des Prés, 1980.

Je me souviendrai de la mer,
La Bartavelle Editeur, 1995.

Les hirondelles du temps,
La Bartavelle Editeur, 2002.

Le marchand d'oublies,
BOD, 2008

La demeure incertaine,
BOD, 2014

Ecrit aux vitres de l'hiver,
BOD, 2019

Je ne savais pas que les choses allaient se passer ainsi : j'étais jeune, et l'instant d'après j'ai cessé de l'être.

Jean-François Beauchemin, *Archives de la joie*

2019

9 janvier

    Tu m'as bercée
    et je te berce

    Dans les replis du temps
    se cache la jeunesse

    et le vent qui traverse la mer

    emmêle les désirs
    les rêves
    les souvenirs

    et dans leurs mains d'enfants
    dépose l'avenir

25 janvier

A Roger Bernard

Tu es mort
le front ceint
d'un désir d'arc-en-ciel

Ta faim de liberté
d'amitié
de beauté
est la nôtre

C'est devant toi
que je m'agenouille

Mon poème fait écho à celui de Roger Bernard, jeune poète de 23 ans assassiné par les nazis le 22 juin 1944 près de Céreste :

S'il est possible
Je m'agenouille devant la taciturne
Quête de la mort ;
Et je regarde avec l'œil de l'oiseau
S'il est possible de mourir
Le front ceint
De l'insigne aux sept couleurs du rayon décomposé.

29 mars

Tu ne veux pas te dérober
à la douleur du monde

Tu veux la poser comme un sceau
sur ton cœur

Tu veux l'imprimer sur ta peau
sur ta page

Blottie
entre le mot *amour*
et le mot *joie*

19 mai

Qu'importe
si tes racines tranchées
pleurent
leurs larmes de sève ?

Seul compte le chemin
semé de fleurs sauvages
de cailloux et de mots

que tu accompliras
loin du pays natal

13 juin

> *A mon amie Geneviève
> et aux moines de Lérins*

Autour du puits
que rien n'épuise
fleurissent les acanthes
et embaument les pins

Autour du puits
que rien n'épuise
s'élèvent les prières
et murmurent les vagues

Je m'arrête
épuisée
au bord du puits
que rien n'épuise

pour me désaltérer
à ton *je t'aime*

Ce « puits que rien n'épuise » (Jean-Claude Renard) et ce « je t'aime » du Christ sont évoqués par Frère Christophe Lebreton dans son *Journal, Tibhirine 1993-1996* (le 12.08.93).

28 juillet

J'en appelle au déluge !
Pour qu'il emporte nos chagrins
Pour que renaisse le jardin
où Dieu se promenait
dans la douceur du crépuscule

Mais je sais
qu'il n'y a pas d'arche

Il n'y a que le cœur de Noé

Les derniers vers font écho à un passage du roman de Jean Giono, *Noé*.

4 septembre

> Dans la violence et la folie
> du monde où tu vis
> regarde
> les traces minuscules
> des oiseaux sur la plage
> étranges messagers
> venus du fond des temps
> pour te rendre courage

9 octobre

A Albert Camus

L'invincible lumière
de votre été à Tipasa
a sombré dans les ténèbres
d'un hiver à Tibhirine

L'invincible lumière
du printemps de Tibhirine
traversera-t-elle les brumes
d'un automne à Paris ?

19 novembre

>Soudain
>*femme fuyant l'annonce*
>tu cours dans les bois obscurs
>déchirant aux ronces tes mains magiciennes
>cherchant le bleu
>dans la nuit noire

J'ai emprunté *femme fuyant l'annonce* au titre du roman de David Grossman.

22 novembre

> *A Patricio Guzman et Pablo Salas*

Il a neigé sur Santiago

La blancheur
cache le sang sur les pavés

Le silence
étouffe le cri des torturés

La Cordillère de vos rêves
garde en son ventre de pierre
la mémoire
de ses enfants assassinés

31 décembre

Juste un instant
deux mésanges à la fenêtre

Scintille la neige
au soleil d'hiver

Juste un instant
les lumières d'un petit sapin
font scintiller le silence

Etes-vous parti
rejoindre votre bien-aimée ?

2020

10 janvier

Allo ? Je voudrais parler à Marianne, s'il vous plaît. Oui, Marianne, celle qui m'accompagna, autrefois, à l'enterrement d'une feuille morte. Oh, je voudrais tant qu'elle s'en souvienne ! Aujourd'hui les feuilles mortes se ramassent à la pelle, et moi, je ne veux pas oublier. Marianne, je t'en supplie, reprends les couleurs de la vie !
Allo ? Je voudrais parler à Marianne. Ne coupez pas, je vous en prie.

23 janvier

A Saïd

Pour l'amour d'une femme
liée à toi dans les tempêtes
et dans la joie

Pour un enfant à naître
qui attend la chaleur de tes bras

Pour tous ceux qui ont trouvé
dans ton sourire ton étreinte
la force d'avancer pas à pas

Pour le vent sur les dunes
pour les couleurs de l'eau

Pour toute beauté
vibrant de ton regard

Bats-toi.

30 janvier

    L'intrépide
    et rieuse enfant
    vive flamme
    au milieu des siens

    brille encore
    par intermittences

    fragile et endurante
    dans la nuit qui s'avance

28 mars

Ignorant du désastre
le figuier sort les mains de ses poches
et s'étire vers le ciel

Il est l'arbre des palabres
et s'étonne du silence

Il a dormi longtemps

Où sont passés les enfants
dont les rires emplissaient le jardin
cet automne ?

Partis jouer ailleurs
sans doute

L'été les ramènera

Il est temps qu'il prépare
pour leurs bouches d'argent
la chair rouge et sucrée
de ses fruits bleutés

31 mars

> Elle est partie
> avant la vague
> l'intrépide et rieuse enfant
>
> Elle n'a pas su
> quelle nouvelle tragédie
> dévastait le monde
>
> Le sort de la bougie est de brûler,
> dit François Cheng
>
> La vive flamme
> au milieu des siens
> fragile et endurante
> au seuil de la nuit
> me lance en guise d'adieu :
> « Entre deux feux
> sois celui qui éclaire ! »

Ma mère est morte le 12 février. Comme un pont entre mon poème du 30 janvier et celui du 31 mars, le quatrain de François Cheng…

Le sort de la bougie est de brûler.
Quand monte l'ultime volute de fumée,
Elle lance une invite en guise d'adieu :
« Entre deux feux sois celui qui éclaire ! »

2 avril

J'épluche en pleurant
ma mandarine *Le Gamin*

Avec les melons jaunes
ces fruits étaient tes préférés

Peut-être à cause de cette gamine
venue à pied d'Andalousie

Dans sa mémoire de six ans
la couleur vive des oranges

Petite immigrée dans la ville d'Oran
elle deviendrait ta mère

Celle que tu appellerais
entre deux bouchées
de melon jaune
ou de mandarine

Gouttes de fraîcheur
dans le désert de nos peurs

3 avril

Je le vois
dans tes yeux éblouis
le pauvre rameur
qui revient de la pêche
dans la barque
d'un patron

Il ramène peut-être
pour tout salaire
quelques poissons

Tu l'attends
en haut des marches
qui descendent vers le port

Il prend ta petite main
dans la sienne

Il est un prince
à qui le peuple des chats
fait une somptueuse escorte

4 avril

Sur la paume de ma main
j'écris le verbe consoler.

Et ce matin
je voudrais être juive.

Avec Marie de Nazareth,
avec Etty, avec Delphine,
avec Simone et Marceline,
avec Mireille et avec Anne,
notre petite sœur perdue,

pour vous qui souffrez,
pour vous qui mourez,
avec elles
je dirais le kaddish.

9 avril

Je ne t'ai pas donné ma nuit
à peine une poignée de mots
dans un élan de bénédiction
pour ton corps en partance

Qu'ils soient bénis
ces pieds, ces jambes
qui ont tant marché

Bénis, ces bras, ces mains
qui ont tant travaillé

Béni ce ventre, bénis ces seins
qui m'ont portée et nourrie

Béni ce visage
les cheveux devenus gris
le front, les yeux
les joues, le nez
le menton, la bouche
visage d'enfant
visage de femme
où se lisent les traces
de la douleur et de la joie
de la colère et de l'amour

A peine une poignée de mots
en cette nuit de ton grand voyage
comme pierres de lune
ramassées sur la plage
pauvres étoiles
au ciel de mon espoir

28 avril

Christâne !
Humilité crucifiée
Tendresse ressuscitée
ouvrant ses bras
jusqu'aux confins
de notre terre

Et le rire
monte soudain
du plus profond

Le rire de Nikola
le rire de son Christ
moquant éperdument
les simulacres de la mort

Ce poème m'a été inspiré par le *Christâne* du sculpteur Nikola Zaric, découvert grâce au livre de Marion Muller-Colard, *L'éternité ainsi de suite*.

8 mai

« La mallette »
tel était son nom

Je la vois s'éloigner
oubliée sur le quai
alors que le train m'emporte

Il y en eut tant
des valises
abandonnées sur les quais
dans nos vies bouleversées

Mais celle-ci
deux enfants la sauvent

« La dînette »
tel est aujourd'hui son nom

23 mai

Douleur
de leur visage dérobé

Sillage
sur l'océan de leur absence

de cette écriture aimée

1ᵉʳ juillet

> *A Antonio Lopez*
> *et Maria Moreno*

J'écoute
vibrer la lumière
du mot *membrillo*

Elle brille
sur les fruits
lourds de soleil
que peint Antonio

Comme un *membrillero*
à Madrid
nous ployons
sous la pluie d'automne

alors que l'amour
traverse en silence
nos jardins

11 août

> *A Jean
> et Lucienne*

Au col de Joux Plane
où sonnent les clarines
où brille au loin
la silhouette du Mont Blanc

vivre
c'est souffrir

Je ne sais pas encore
que tu as aimé ces lieux

Ton pas dans les alpages
ton sourire malicieux
ton âme guérisseuse

19 septembre

Couvre-moi,
couvre-moi,
me dit-elle.
Il fait noir et j'ai froid.

Où est-il
ce châle
couleur Pacifique
celui que des mains
de femme Makah
ont tissé ?

Il est perdu, il est perdu,
je ne peux rien faire.
Il fait noir et j'ai froid.

25 septembre

Quels sont ces mots
volant au vent d'automne
avec les fleurs pâlies
du bougainvillée ?

*J'envisage
de disparaître*

J'envisage
de glisser
dans la douceur intermittente
de l'oubli

9 octobre

Une page laissée blanche
pour ce nom qui voyage encore
aux rives de Méditerranée

Prince mendiant
aux pieds blessés
aux yeux rieurs

qui sonne un jour
à ma porte
et puis s'efface
dans le soleil

9 octobre

A Brigitte et Saïd

Quand l'année tournera
la page exsangue

février viendra
couronné d'or

Déjà il nous attend
aux chemins de Provence

février bleu
au parfum d'amande

Ce poème fait écho à celui de mon ami Saïd Sayagh, *Février bleu.*

Février bleu
de Provence
laisse les amandiers
se couvrir de pétales
doux
soyeux
promesses
d'amandes pleines
et de printemps nouveaux

*Ni fanfare
ni discours
mais promesses d'amour
Les lèvres se joignent
Les mains se croisent
et devant nous
le monde s'ouvre*

7 novembre

> Où la trouverai-je
> l'inéluctable
> que je ne cherche
> nullement ?
>
> Qui me prendra la main
> pour m'aider à traverser
> le grand boulevard ?

20 novembre

Tu les avais mises
à l'abri
– pour combien de temps ? –
d'une étrange fête
de pétards
d'étincelles
de soleils aveuglants

Deux petites filles
dans l'ombre fraîche
d'une maison de prière

Jusqu'à quand
le temps des marchands ?

9 décembre

28 juillet
mille neuf cent
soixante seize.
Aube d'été.
Hirondelles
dans le ciel pur.

Héloïse
l'entend à la radio.
Son enfant est mort
ce matin
dans la cour des Baumettes.
Il avait vingt-deux ans.

2 décembre
deux mille vingt.
Il a vécu
soixante-douze années
de plus que lui
le président
qui avait refusé sa grâce

2021

9 Janvier

    Un écureuil
    sur le grand pin

    Joie minuscule
    d'un matin
    posée
    sur la paume
    de ta main

14 janvier

Détourner
le regard intérieur
de vos corps abandonnés
à l'obscurité glacée

Laisser
se poser sur mon cœur
le papillon d'un poème

25 février

Elle s'en va
se détourne
des jours à venir
prend son habit
d'herbe et de nuit

La perte
a contaminé nos vies

Mais là-bas
dans la grande ville
un enfant
joue avec le vent

19 mars

    Où est-elle
    la couturière aux boucles ?

    Le baiser sur son front
    de cet unique amour

    qui s'en souvient encore ?

20 mars

Traversant l'espace
et le temps

votre bonté

adoucit la peine
de nos cœurs blessés

5 avril, lundi de Pâques

Tu frappes
à la porte de mon cœur

Tu jettes
un seau d'eau fraîche
sur les pavés de l'amertume

Tu ouvres les fenêtres
au pépiement des oiseaux
et aux feuilles neuves
des noisetiers

Tu secoues
les draps du chagrin

Ta main de lumière
effleure mon visage
sur des sentiers inconnus
où l'amour s'invente

9 avril

    Ouvrir la porte
    sur l'escalier du rêve

    Qui est-il
    ce passager de la nuit
    si proche
    que son souffle
    m'éveille à la vie ?

15 avril

    Océan des mémoires
    où dérivent encore
    les images tremblées
    des instants disparus

    les lumières
    de nos étoiles mortes

6 mai

Avancer
dans la perte de tout
visage nu
livré
aux vents imprévisibles
sur l'océan
d'un bleu si bleu

20 mai

> *A Marie-Odile*

Les couleurs et les mots funambules
dansent sur le fil

Un fil de lumière
qui va de cœur en cœur

et se joue
de l'espace et du temps

24 juin

Monsieur Patience
s'en est allé

Entre ses bras
qui se repose ?

Toi tu t'assois
paisible
et tu m'attends
sur le banc d'un jardin
où chantent les oiseaux

5 juillet

>Exister encore
>dans l'ombre douce
>de ces feuillages
>
>Boire encore
>aux sources vives
>du désir
>
>Glisser encore
>ma main dans la tienne
>au large de tous les étés

9 juillet

A Mamette

Par-delà le silence
enfouies
dans nos terres dévastées
attendent en secret
les graines de bonté
que vous avez semées

10 juillet

> C'est ici
> C'est maintenant
> C'est ta vie
> qui vole en éclats
> dans le ciel brûlé
> dérisoire
> irremplaçable
> quelques lignes dans un journal
> vite oubliées
> un sillage rouge et or
> dans ma mémoire

6 octobre

C'est au creux de mon lit
là où naissent les rêves
que s'avance Shitane
sa robe noire
comme la nuit.

Que dit-il
des forêts
qui s'ouvraient
sous nos pas ?

Que dit-il
ce démon
des printemps disparus ?

2022

4 mars

Au bois de Cardet
Marie et son père
sa sœur et son frère
faisaient à peine
le tour du grand chêne

Au parc de la Tête d'Or
Juliette
a enlacé un arbre

Soudain je les vois
ma petite-fille
et son arrière-grand-mère
main dans la main
sur les chemins d'enfance

19 mars

> Pour toi
> aujourd'hui
> les dernières violettes
>
> Donne-nous ton courage
> et ta joie

3 avril

A Marie Odile

Chère âme de joie
ton rire a soudain
ensoleillé ma chambre
ouvrant dans mon cœur lourd
une fenêtre bleue

Contagion de vie
par-dessus la mer
qui nous sépare

Douceur d'aimer
sur nos terres
bouleversées

12 septembre

Ecrire

Parce que tu ne sais pas
faire autrement

Parce que c'est ta respiration
ta façon
d'être au monde

Ecrire
pour sauver de l'oubli
tout ce qui fuit
revenir
aux lumières anciennes
aux visages
aux ruelles
et aux noms disparus

Ecrire
pour passer les miroirs
en tenant ses frêles épaules

28 novembre

Vingt-huit novembre
deux mille vingt deux

Mon père
aurait eu cent un an

L'ami Bobin
fait ses premiers pas
au jardin d'automne
où l'attendaient
depuis longtemps
la Plus que Vive
et le Très Bas

15 décembre

Il est mort au mois d'août
dans l'écrasante chaleur
d'un été impitoyable

Mais ce soir-là
il pleut

Il aimait tant
courir et rire sous la pluie
respirer le parfum
de l'asphalte mouillé

Cette averse bienfaisante
sur nos corps rompus
a-t-il
à peine arrivé
persuadé quelques anges
de nous l'envoyer ?

2023

4 janvier

« Légère humidité de l'aube
quand arbres et buissons
exhalent la nuit… »

Est-ce un hasard
si je recopie ce matin-là
les mots de Breyten Breytenbach ?

Arraché, le laurier rose
Adieu les feuilles et les fleurs
Adieu les parfums les abeilles

Nous sommes
les artisans du désastre

9 février

Nul grenier
seulement des vagues

et cette valise en bois
sur laquelle tu t'endors

dans la nuit sans pitié
de la gare Saint-Charles

12 février

Qui sonne
à cinq heures
au portail du jardin
perçant avec douceur
le ballon rouge
du sommeil ?

Est-ce vous
l'ennemie de longue date
venue pour m'annoncer
une disparition prochaine –
comme aurait dit Jean-Luc Lagarce ?

Ou bien
trois ans après
et nuit pour nuit
est-ce toi
mon étrangère
ma plus que proche
qui fais tinter ma peine
à la porte du cœur ?

8 mars

Silence brisé
en mille battements

La plume glisse
sur la page

Les feuilles bruissent
dans le vent

Il faut apprendre à écrire
au rythme de ton sang

8 mars

C'était au mois de février

Les mimosas
étaient en fleurs

et Aurélien
avait quatre ans

lorsque fit irruption dans nos vies
le si doux nom de Marioupol

11 mars

Au fil de la rivière
la jeunesse s'est enfuie

Avance en eau profonde

Ecarte les feuilles mortes
qui séparent nos mains

Ouvre ton cœur
aux promesses de l'automne

14 septembre

> Je me souviens
> de la clameur
> Je me souviens
> de la maison
> furieusement secouée
> par des mains géantes
> Je me souviens
> de la terre ferme
> se fissurant soudain
> sous nos pieds
>
> Je me souviens
> des enfants morts
> dans le jardin
> de leurs petits corps
> enveloppés de blanc
> brillant dans la nuit
> comme les larmes
> d'un Dieu absent

17 septembre

>Le hasard d'une parole
>de plus de deux mille ans
>vient ce matin
>toucher mon cœur
>
>Est-ce Dieu
>qui se promène pieds nus
>dans ces pages ?

Cette parole est celle de Sirac (200 avant J.-C.), 27,30-28,7.

12 octobre

Désir
de nager dans la mer
de laisser la fraîcheur
envelopper mon corps
de me laisser porter
par le doux balancement des vagues

jusqu'à percevoir
loin derrière moi-même
la lueur
de l'invincible été

Ce texte fait écho à la phrase d'Albert Camus : « *Au milieu de l'hiver, j'apprenais enfin qu'il y avait en moi un été invincible.* » *(L'été, Retour à Tipasa)*

21 octobre

Soudain aveuglée
le bruit sourd au loin
d'un corps qui tombe
le pavé glacé
sous tes mains en sueur

Quelque part
dans la nuit de septembre
une menace
pleine de douceur

22 octobre

A l'hôpital Simone Veil
les couleurs vives sur le sol
conduisent à l'air libre

Respirer le ciel bleu
traversé d'oiseaux

Manger un pistolero
à la mangue

Très loin d'ici
A nous contempler sans nous lasser
Seul le mont Ching Ting

Les deux derniers vers sont empruntés à un poème de Li Po, poète chinois de la dynastie Tang (19 mai 701 – 30 novembre 762). Merci à celui qui me l'a fait connaître !

6 novembre

Une voix chuchote
à mon oreille
réveille-toi
la vie est là
dans la splendeur des vagues
traversées de lumière

Contre les assassins
Nathanaël
sous son figuier
voit se lever
les femmes du soleil

24 novembre

Revoir décembre
la lumière
de vos visages aimés

Renaître
tel Nathanaël
sous son figuier

dans l'attente obstinée
des fruits de paix

11 décembre

Revoir décembre

Un puits caché
dans ma mémoire
l'empreinte de tes mains
sur un village de carton
et ton sourire
éclairant mon enfance

Mais le massacre des innocents
toujours recommence
et sans cesse
le Prince de la Paix
meurt de notre soif

Quelle Samaritaine
pour lui donner à boire ?

2024

24 janvier

> Lettres mortes
> ou seulement endormies
> peut-être
> espérant le souffle de vie
> de tes lèvres

26 janvier

    Si bleus
    si doux
    si fragiles
    les iris de janvier
    me parlent de vous

26 janvier

Ruelles encaissées
immeubles en ruines
escaliers de pierre
vertigineux

Je cours
à perdre cœur
sous un ciel blafard

Soudain aveuglée
je tombe à genoux

Qui est cet homme
aux yeux de loup ?

23 mars

J'ai rêvé de toi
cette nuit

Oh, Mamy,
Oh , Mamy, Mamy blue,
Oh, Mamy blue.

Te souviens-tu
de cette chanson ?

Lorsque le train passe
derrière la Prairie
je te revois
accoudée au balcon

Joyeuse
tu nous fait signe

Oh, Mamy,
il n'y a pas de prochaine fois
et je ne sais pas
si je t'ai vraiment
dit au revoir

25 mars

Deux papillons ivres
se moquent du ciel noir

Les genêts ont fleuri
et notre figuier a ouvert
ses petites mains d'innocence

Vaillamment
ils nous protègent des ténèbres

ambassadeurs minuscules
de la lumière Bobin
de la lumière Bauchau

de la lumière Antigone